ALDOUS HUXLEY

Le Meilleur des mondes

Analyse littéraire

© Paideia éducation

22 rue Gabrielle Josserand - 93500 Pantin.

ISBN 978-2-75930-095-2

Dépôt légal : Septembre 2023

Impression Books on Demand GmbH

In de Tarpen 42

22848 Norderstedt, Allemagne

PAIDEIA
ÉDUCATION

SOMMAIRE

- Biographie de Aldous Huxley.. 9

- Présentation du *Meilleur des mondes*....................... 15

- Résumé du roman.. 19

- Les raisons du succès.. 31

- Les thèmes principaux... 35

- Étude du mouvement littéraire.................................. 55

- Dans la même collection.. 59

BIOGRAPHIE DE
ALDOUS HUXLEY

Aldous Léonard Huxley est un écrivain britannique né le 26 juillet 1894 à Godalming (Surey, Royaume-Uni). Il est issu d'une famille appartenant à l'élite intellectuelle anglaise. En effet, son père est l'écrivain et herboriste Léonard Huxley, son grand-père Thomas Henry Huxley, souvent surnommé le « bouledogue de Darwin », est l'un des plus grands naturalistes du XIXe siècle, et son frère Julian est un biologiste reconnu pour ses théories sur l'évolution. Sa mère, la directrice d'école Julia Arnold, possédait quant à elle un fort penchant pour la littérature.

Le jeune homme s'écarte cependant vite des normes sociales qu'aurait pu lui imposer son éducation. Plus connu pour ses romans que pour ses essais – bien que les seconds soient souvent considérés comme meilleurs –, Aldous Huxley fut tout au long de sa vie un humaniste curieux de la place de la science dans la société, de parapsychologie et de mysticisme. Dans toute sa vie, il publia quarante-sept ouvrages. Parce que l'écrivain est fortement estimé par la critique et le public, ses livres sont souvent inscrits au programme scolaire de philosophie dans les écoles britanniques. Huxley est considéré comme l'un des plus grands penseurs anglais du XXe siècle.

Enfant fragile mais très intelligent, Aldous perd sa mère et sa sœur en 1908. Il devient presque aveugle en 1911 suite à une maladie – il n'a alors que 16 ans –, avant de recouvrer partiellement la vue, ce qui lui permet de terminer ses études avec mention à Oxford. La maladie le dispensera par la suite de service militaire lors de la Première Guerre mondiale. Son grand frère Trev se suicide en 1914. La cécité partielle pousse Aldous à abandonner les recherches scientifiques auxquelles il se destinait ; il développe proportionnellement un intérêt de plus en plus grand pour la littérature. L'étudiant rencontre durant son cursus les écrivains L. Strachy et B. Russelll, puis se lie d'amitié avec D. H. Lawrence.

Aldous Huxley, dans la nécessité de se financer, commence à partir de 1918 à utiliser son écriture pour vivre. Il publie son premier livre, un recueil de poèmes, en 1916. Il a alors 25 ans. Il se marie en 1919 avec la belge Maria Nys, avec qui il a un fils l'année suivante. La famille voyage beaucoup entre Londres, l'Europe, l'Inde et les États-Unis pendant les années suivantes, grâce à l'emploi de journaliste et critique d'art qu'a obtenu Aldous Huxley. Ce dernier rencontre les surréalistes, publie de nombreux essais, se préoccupe des profonds changements que connaît la société occidentale depuis l'apparition du behaviorisme, par exemple. Il publie *Contrepoint* en 1926, parodie et critique de la société bien-pensante anglaise, qui le rapproche d'auteurs comme Balzac.

Au cours de l'année 1931, Huxley écrit en en quatre mois son ouvrage le plus connu, *Le Meilleur des mondes*, avant de le publier en 1932. Dans le contexte de l'époque, où sont organisées des purges de la société soviétique par Staline et à un moment où Hitler n'est pas encore parvenu au pouvoir, il est impossible que l'auteur ait puisé dans la réalité l'avenir qu'il dépeint dans son ouvrage.

Les Huxley partent en 1937 pour les États-Unis et s'installent en Californie en compagnie de leur ami Gérard Heard. Celui-ci initie Aldous à la philosophie védantiste. L'écrivain devient végétarien, se met au yoga et décroche un emploi de scénariste pour Hollywood. Ses relations avec Swami Prabhavananda, dont il admire la pensée mystique, le poussent de plus en plus vers l'exploration psychologique de l'esprit humain.

L'écrivain entend parler de la méthode Bates en 1939 pour recouvrer la vue, puis d'un médecin capable de lui faire suivre la thérapie. Le procédé fonctionne. Huxley en tire l'ouvrage *L'Art de voir* en 1942. Il s'attèle entre-temps, en

1940, à l'adaptation à l'écran de *Orgueil et Préjugés*.

À partir des années 1950, Huxley développe un penchant pour les drogues psychédéliques comme la mescaline ou LSD. Il en tire deux ouvrages : *Les Portes de la perception*, en 1954, et *Le Ciel et l'Enfer*, en 1956. Il est considéré comme l'un des premiers auteurs à avoir expérimenté l'usage de ces substances sur lui-même, cela dans une recherche de « haut-mysticisme » sur les différents états de la conscience. Ses ouvrages feront par la suite partie intégrante de la culture *New Age* et des premiers hippies.

Son épouse meurt d'un cancer en 1955. Il se remarie l'année suivante avec l'anglaise Laura Archera, écrivain elle aussi, à qui l'on doit sa biographie.

Il publie *Retour au meilleur des mondes* en 1958, un essai où il expose sa réflexion sur les menaces de la surpopulation, les excès bureaucratiques et autres techniques exposées dans le roman initial. Il reçoit la même année le *Award of Merit for the Novel*, grand prix littéraire américain qui fut notamment décerné à E. Hemingway et T. Mann. Il refuse le titre de *Knight Bachelor* que voulut lui décerner le gouvernement anglais en 1959.

Les médecins lui diagnostiquent un cancer de la gorge en 1960. Sa santé se détériore lentement. À partir de 1962, il s'attaque à nouveau au thème de la drogue et de la société humaine avec un roman utopique, *L'île*, qui lui prend plusieurs années de travail d'écriture. Il met en avant l'usage de la substance dans un cadre religieux pour atteindre la sagesse.

Aldous Huxley meurt le 22 novembre 1963 à Los Angeles, éclipsé par l'assassinat du président John F. Kennedy et la mort de l'auteur irlandais C. S. Lewis. Incapable de parler, il demande sur son lit de mort 100 microgrammes de LSD la veille de son décès, avant de s'éteindre apaisé le lendemain matin. Le corps de l'écrivain a été incinéré et ses cendres reposent désormais dans le caveau familial en Grande-Bretagne.

PRÉSENTATION DU ROMAN

Le Meilleur des mondes (titre original : *Brave New World*), ouvrage d'Aldous Huxley paru en 1932, est l'un des romans d'anticipation les plus connus du grand public. Chef-d'œuvre de la dystopie – genre littéraire rattaché à la science-fiction dont le but est de dépeindre un futur placé sous le signe du contrôle étatique –, l'ouvrage décrit une société eugéniste divisée en castes, toutes conditionnées à la fois biologiquement et psychologiquement afin de garantir la pérennité du système. Les perspectives soulevées, à la fois sombres et terrifiantes, dénoncent l'aliénation de l'individu à laquelle peut conduire la recherche du bonheur collectif et la façon dont une dictature douce se présente comme le meilleur moyen d'y parvenir.

L'histoire relate la manière dont Bernard Marx, individu de caste supérieure souffrant d'une incapacité à intégrer comme allant de soi l'ensemble des normes dues à sa position sociale, écœuré par ses semblables qu'il ne parvient pas à imiter, en vient à rencontrer John. Ce dernier, un « Sauvage » né d'une femme civilisée perdue dans une réserve indienne où est préservée la société ancienne, lui permet de constater qu'il existe bel et bien un autre mode de pensée possible, quand bien même celui-ci serait effrayant par son aspect primitif, non « civilisé ». Lorsque John est emmené vers ce paradis auquel il a aspiré toute sa vie, il découvre le revers de la médaille et, après avoir tenté d'éveiller les esprits sur leur conditionnement, finit par rejeter la civilisation dans l'indifférence générale sous le regard compréhensif de l'Administrateur de Londres, qui lui sait très bien quels sont les rouages du système.

Souvent utilisé pour dénoncer les dérives possibles de la génétique et de la manipulation de l'homme, *Le Meilleur des mondes* est considéré comme l'un des cent meilleurs ouvrages du XXe siècle, au point de devenir une référence incontournable du monde moderne.

RÉSUMÉ DU ROMAN

1

Le Directeur du Centre d'incubation et de conditionnement de Londres fait visiter le centre à un groupe d'étudiants qui y travailleront à partir du lendemain. Il explique comment se déroule la fécondation moderne – par fécondation *in vitro* pour les citoyens Alpha et Bêta, par le procédé Bokanovsky pour les citoyens Gamma, Deltas et Epsilons – et présente ce mode de fonctionnement comme l'« un des instruments majeurs de la stabilité sociale ». Les embryons bokanovskyfiés forment des groupes de jumeaux identiques pouvant aller jusqu'à 96 individus. Le Directeur demande à M. Foster de citer le record d'individus produits avec un seul ovaire dans ce centre – la réponse est 16 012 – avant d'exprimer sa volonté de battre le record des autres centres dans le monde. La visite continue : les étudiants apprennent comment sont incubés les embryons, puis conditionnés biologiquement par exposition du cerveau à l'alcool en fonction de la caste. La visite ne permet pas d'aller voir le conditionnement des embryons intellectuels. La prochaine étape est la pouponnière.

2

Le Directeur mène les étudiants à la pouponnière, où un groupe d'enfants bokanovskyfiés sont éduqués en utilisant la méthode de Pavlov pour associer l'idée de souffrance aux livres et à la nature. Le Directeur raconte une anecdote historique sur ce type de conditionnement, puis embraye sur la découverte de l'hypnopédie – l'enseignement pendant le sommeil. À cette occasion, il parle de la parentalité avant l'époque « Avant Notre Ford », élément culturel qui paraît obscène et gêne l'assistance par sa seule évocation. Tous montent dans une chambre où le processus d'hypnopédie, qui enseigne la morale, a lieu : des enfants dorment pendant qu'un message leur serine une leçon sur les classes sociales.

3

Le Directeur et les étudiants passent dans le jardin du centre, où des enfants d'environ 7 ans s'adonnent à des jeux de ballon et à des jeux sexuels. Le Directeur révèle qu'auparavant ces dernières pratiques étaient considérées comme immorales : le public d'étudiants est atterré car tous considèrent ces situations comme des jeux d'enfants normaux. Un enfant qui refuse de s'y adonner est d'ailleurs envoyé chez le psychologue, pour voir « s'il n'y a pas quelque chose d'anormal ». Soudain apparaît Sa Forderie Mustapha Menier, l'un des dix Administrateurs de la planète, qui leur tient un discours sur la structure familiale ancienne et les valeurs antiques. On apprend que la culture a été abolie, les archives – livres, œuvres d'art, etc. – détruites, les passions individuelles et exclusives proscrites.

Pendant ce temps, Henry Foster traverse le centre avec Lenina Crowne et Bernard Marx, qu'ils ignorent tous deux lorsqu'il leur demande s'ils vont au « cinéma sentant » le soir. Lenina se rend dans le vestiaire des femmes et discute avec Fanny, qui s'étonne qu'elle soit exclusive avec Henry Foster, car cela ne se fait pas. Elle devrait avoir d'autres hommes par respect des conventions. Fanny lui propose de sympathiser avec Bernard Marx, qui donne l'impression d'être un petit homme solitaire et taciturne.

Celui-ci, en parallèle dans les vestiaires pour hommes, entend les propos de Henry Foster et d'un autre à propos de Lenina, qui parlent d'elle comme si elle était de la viande. Spécialiste du conditionnement psychologique, il est écœuré par cet état d'esprit.

Ces trois scènes coexistent et se croisent, entrecoupées par des extraits de messages de conditionnement.

4. I

À la sortie de l'ascenseur, Lenina vient voir Bernard Marx pour lui proposer de partir au Nouveau-Mexique en juillet avec elle, montrant par là publiquement son infidélité à Henry Foster. Bernard Marx rougit et se sent gêné, ce qui est incongru. Sans même attendre sa réponse, Lenina s'en va alors rejoindre Foster. Les deux s'envolent en hélicoptère pour jouer au Golf-Obstacles.

4. II

Bernard Marx fait préparer son appareil par les classes inférieures, tout en étant en proie à une réflexion douloureuse sur son autorité, qu'il doit forcer pour obtenir. Il s'envole ensuite pour rejoindre Helmholtz Watson à la Maison de la Propagande. Celui-ci est un ami de même caste mais manifestement trop doué par rapport aux critères généraux pour trouver des mots justes, à la manière d'un poète antique. Les deux hommes s'envolent ensemble chez Bernard Marx et discutent. La discussion s'avère être un dialogue de sourds.

5. I

Le soir même, Lenina et Henry Foster se rendent en hélicoptère au restaurant puis à l'Abbaye de Westminster, devenue un cabaret où jouent Calvin Stopes et les Seize Sexophonistes. Lors du survol des cheminées du centre de crémation, ils s'extasient de voir à quel point leur société est bien ordonnée et que l'on puisse continuer à être utile même après la mort. Ils finissent la soirée chez Henry.

5.II

Bernard Marx se rend aux Offices de Solidarité, séance collective de transe et de prise de soma. Incapable de se fondre dans la communion avec le Grand Être et les onze autres personnes présentes, il en ressort encore plus las de sa solitude et de la conscience de son individualité.

6.I

Lenina fait le bilan de sa relation avec Bernard, qu'elle a pris comme amant les précédentes semaines. Son comportement lui parait bizarre, parfois effrayant et singulier, bien éloigné des valeurs de la société. Mais il est le seul à sa connaissance à avoir accès aux Réserves à Sauvages pour le voyage aux États-Unis à venir.

6.II

Bernard va dans le bureau du Directeur faire signer l'attestation pour la visite à la Réserve aux Sauvages. Le Directeur évoque un voyage qu'il y a fait plus de vingt ans auparavant et de la perte de la femme qu'il voyait à l'époque. Surpris de s'être livré de cette manière, il reproche ensuite à Bernard son comportement excentrique et le menace de le muter en Islande. Cela renforce l'esprit combatif de Bernard Marx, qui se sent le champion de la lutte contre la société et s'en vante auprès de Helmholtz.

6.III

Bernard et Lenina se rendent en Amérique du Nord. Ils passent une première soirée dans un hôtel qui a toutes les caractéristiques de ce qu'ils ont chez eux, puis se rendent le lendemain chez le Conservateur de la Réserve. En voulant demander à Helmholtz de fermer un robinet laissé ouvert, Bernard apprend que le Directeur a effectivement l'intention de l'envoyer en Islande suite à son comportement. Abattu, il se laisse convaincre de prendre des comprimés de *soma* durant le vol qui les mène à l'intérieur de la Réserve.

7

Bernard et Lenina se rendent à Malpais, village dans la Réserve. Ils y voient une humanité primitive, vivant comme ils le faisaient des milliers d'années auparavant. La femme est dégoûtée, l'homme intrigué. La vue d'un vieillard et de femmes qui allaitent paraît sordide à leurs yeux. En effet, ils n'ont jamais vu un tel spectacle auparavant. Ils assistent à une grande cérémonie dont ils ne comprennent pas le sens, avant de rencontrer John, un indigène qui a toutes les caractéristiques physiques du « civilisé ». Ne montrant rien de sa fascination pour Lenina, il les mène à sa mère, Linda, qui, après s'être blessée lors d'une visite à la Réserve, y est restée enfermée pendant vingt ans. Bernard fait un rapprochement entre cette histoire et celle du Directeur. Les deux hommes sortent, laissant les femmes ensemble. Lenina est dégoûtée par ce qu'est devenue Linda et ce qu'elle entrevoit de son mode de vie parmi les sauvages.

8

John raconte à Bernard son enfance dans la Réserve, la stigmatisation dont il fut la victime, sa découverte des mots puis de Shakespeare à travers un livre antique, et enfin la façon dont il s'est approprié le mode de vie indien, offrant plus de réponses et de sens à la vie. Bernard finit par lui proposer de les ramener, lui et sa mère, à la civilisation.

9

Bernard contacte le lendemain matin Mustapha Grenier, l'Administrateur, finit par discuter du fait de ramener les deux égarés à Londres par intérêt scientifique. La requête se voit acceptée. Pendant ce temps, alors que Lenina est abrutie par le *soma* ingéré pour ne pas être confrontée aux horreurs de la vie dans la Réserve, John se rend dans leur hôtel pour les retrouver elle et Bernard. Il observe Lenina dormir, cite Shakespeare, résiste à l'envie de la déshabiller jusqu'à ce que le bruit de l'hélicoptère se fasse entendre.

10

Le narrateur effectue un panorama du Centre. Le Directeur, accompagné d'Henry Foster, attend la venue de Bernard Marx pour l'humilier publiquement et l'envoyer officiellement en Islande. Alors qu'il le charge d'infamies et lui demande s'il a quoi que ce soit à dire pour sa défense, Bertrand produit Linda et John. Humilié, le Directeur s'enfuit.

11

Bernard profite de son statut de présentateur du Sauvage lors des soirées mondaines pour savourer les acquis auxquels il ne pouvait prétendre auparavant. Son ego semble pris de frénésie. Réconcilié avec la société, il se conserve le droit de la critiquer afin d'entretenir le sentiment de sa puissance. Alentour, les gens murmurent qu'il finira mal. Les semaines suivantes, il fait visiter à John la ville, ses arcanes et son système social. John assiste à un cours sur les Sauvages, il ne comprend pas pourquoi tous rient de voir un rituel se dérouler sur l'écran. Le soir, il assiste à une séance de cinéma sentant avec Lenina, qui espère bien finir la soirée avec lui. Révulsé par le film et la morale qui s'en dégage, il la laisse seule chez elle et se réfugie dans la lecture d'*Othello* de Shakespeare.

12

Le lendemain, John refuse de se produire devant les gens venus le voir. Ils s'en prennent alors à Bernard et font dégonfler son orgueil à l'aide de paroles méprisantes. Lenina croit qu'elle est la raison du refus du Sauvage. Bernard se sent revenu à sa position précédente, ce que semble préférer John. Alors qu'il s'était brouillé avec Helmholtz, ce dernier pardonne à Bernard lorsqu'il se présente à lui en implorant sa pitié. Bernard Marx apparaît dans toute sa médiocrité, détestant la générosité de son ami. Il présente John à Helmholtz, qui s'est fait repéré par les Administrateurs à cause de vers jugés non conformes. John lui déclame du Shakespeare et les deux hommes sympathisent sous le regard jaloux de Bernard. Mais Helmholtz reste un produit de la société et finit par rire devant les absurdités que Shakespeare raconte dans ses pièces sur le monde ancien.

13

Dans le Centre, Lenina avoue à Fanny son adoration et son désir pour John, ce que la seconde ne comprend pas. Elle lui dit de tenter sa chance une bonne fois pour toutes. Lenina pousse John à lui avouer sa passion. Il lui parle de prouesses à accomplir pour la mériter, de mariage avant la consommation de l'union, puis elle lui déclare sa flamme elle aussi. Lenina se met à nu devant lui, prête à lui faire l'amour contre le mur, mais dans un sursaut soudain le Sauvage la repousse et la frappe, la traitant de catin et de courtisane. Effrayée, Lenina court se réfugier dans la salle de bain tandis que John déclame du Shakespeare, tout à sa rage. Un coup de téléphone le fait partir avec précipitation. Lenina s'enfuit de l'appartement.

14

John se rend à l'Hôpital pour mourants dans l'intention de voir sa mère, pour laquelle on l'a appelé. Captive des songes de la *soma*, elle n'a pas conscience de ce qu'il se passe et pense à Popé, son amant indien. Une horde d'enfants vient dans la salle y jouer, pour être conditionnés à accepter la mort comme allant de soi. Cette présence horripile John, heurte sa sensibilité par rapport à la mort, et il le montre avec fureur sous le regard désapprobateur de l'infirmière. En secouant sa mère pour qu'elle le reconnaisse, elle se met à suffoquer. Le temps que l'infirmière arrive, elle est morte. John s'en va en repoussant les gosses curieux du monstre de foire qu'est devenue Linda, obèse et décrépite.

15

John se prépare à quitter l'hôpital. En sortant de la salle, il tombe sur deux groupes de jumeaux Bokanovsky, qu'il bouscule. Devant ces visages semblables, John a l'impression d'être dans un cauchemar. Lorsqu'une distribution de *soma* pour les travailleurs commence, il se sent investi d'une mission : redonner à ces êtres le statut d'êtres humains en leur démontrant les méfaits de la drogue. Prévenus par un contact à l'hôpital, Bernard et Helmholtz surgissent sur ces entrefaites. Helmholtz se joint à la bagarre contre les personnes qui veulent leur dose de *soma*, tandis que Bernard cherche à se faire oublier, pusillanime, avant d'essayer de s'enfuir. La police arrive alors, disperse la foule et arrête les trois hommes.

16

Les trois hommes sont conduits auprès de l'Administrateur Mustapha Menier. La discussion s'engage alors sur l'accident qui vient de se dérouler, sur la civilisation et le bonheur. L'Administrateur, instruit des productions antiques, dit qu'il compte envoyer les trois perturbateurs dans les îles. Bernard se met à genoux pour éviter l'exil. Il est mis à la porte avant que Menier n'ait expliqué que ces endroits permettent d'isoler ceux qui ont trop pris conscience de leur moi, ce qui n'est pas vraiment un châtiment au final. Il explique son propre parcours, ancien dissident qui a eu le choix entre les îles ou servir le bonheur des autres. Il développe l'historique du sacrifice de la vérité, de la science et de l'art au profit du bonheur, réclamé par la foule. Il parle ensuite des expériences sociales tentées sur la liberté individuelle et de ses échecs. Helmholtz est heureux d'être exilé et accepte avec joie les Falkland, avant de quitter la pièce pour voir Bernard.

17

Laissés seuls, Menier et le Sauvage continuent de discuter de la manière dont la religion a été abolie et comment les passions mêmes sont devenues inutiles dans ce monde bien ordonné qu'est la civilisation. John conclut en affirmant qu'il préfère avoir le droit de souffrir de la vie et du désordre plutôt que d'accepter le vide dans lequel se complaisent les civilisés.

18

John se purifie selon les rites indiens, Bernard et Helmholtz viennent lui dire au revoir avant leur départ. Le Sauvage part s'installer dans un phare abandonné pour se retirer du monde et faire pénitence de son contact avec la civilisation. Harcelé par les journalistes, il parvient à se débarrasser d'eux une première fois, jusqu'à ce qu'un film sentant de lui en train de se donner le fouet ne soit pris à son insu. Une centaine de personnes vient alors le voir, espérant le voir donner le fouet. Abasourdi, pris de folie, il s'en empare. Lenina débarque à ce moment-là : il se jette sur elle pour la fouetter et se flageller à la fois. Lorsque le public revient le lendemain après ce qui sera qualifié de « communion collective », il n'y a plus personne.

LES RAISONS
DU SUCCÈS

Considéré comme l'un des cent chefs-d'œuvre du XXe siècle, *Le Meilleur des mondes* d'Aldous Huxley fait partie de ces ouvrages qui ont marqué leur époque et continuent de le faire lorsque celle-ci est révolue. Cela s'explique par le message humaniste de l'auteur qui, en produisant une véritable ode à la liberté, dénonce l'asservissement de l'homme par les systèmes totalitaires et les procédés utilisés dans ce but.

Il faut dire que le futur décrit par Huxley est de ceux qui font froid dans le dos, évoquant les pires heures de l'histoire humaine et inspirant de nombreux auteurs de contre-utopies par la suite. Une dictature usant du *soft power* de façon insidieuse, une population ignorante incapable de se révolter car conditionnée à accepter le sort auquel on la destine, un libre-arbitre laissé à l'abandon au profit de l'État : il n'en faut pas plus pour révolter le lecteur à l'encontre de ce monde dénoncé par Huxley. C'est un réquisitoire contre le conditionnement, quel qu'il soit, que livre l'écrivain, une protestation valable contre toutes les formes d'oppressions existantes, passées, présentes et futures. Ce message, intemporel et capable de toucher tous les publics, est l'élément-clef du succès du *Meilleur des mondes*.

Le thème de l'eugénisme est également l'un des aspects fondamentaux de l'impact qu'a eu le livre : l'ouvrage dénonce les excès où peut mener un mauvais usage de la science, sous prétexte ici d'aboutir au bonheur collectif. L'analyse sociale que livre Huxley des conséquences probables du façonnage de l'humanité via la génétique va très loin et touche à tous les aspects de la civilisation. Tout au long du XXe siècle et jusqu'à aujourd'hui avec les avancées de la biologie, associations et scientifiques ont invoqué le futur développé dans *Le Meilleur des mondes* pour imposer une éthique aux pratiques de la recherche, et ce afin d'éviter qu'un tel monde ne prenne forme. Les débats modernes sur le clonage et les organismes génétiquement modifiés sont aujourd'hui encore en grande partie tributaires du roman.

À cela, il convient d'ajouter que Aldous Huxley est, à la parution de l'ouvrage, un auteur déjà reconnu, à la fois par la critique et le lectorat, tant pour ses romans que pour ses essais. Le critique Burgess considérait notamment qu'il avait donné un cerveau à la littérature, ce qui explique en partie l'impact qu'il a pu avoir et continue d'exercer sur le paysage littéraire anglo-saxon.

Les rééditions régulières du *Meilleur des mondes* ainsi que la mise au programme scolaire des classes britanniques de ce texte et du reste de la production de l'auteur font que le livre ne cesse jamais de toucher un nouveau public, le rendant de fait intemporel.

LES THÈMES PRINCIPAUX

Le Meilleur des mondes est un livre qui fait date parmi les nombreux romans d'anticipation produits jusqu'à aujourd'hui. Souvent mis en relation avec *1984* d'Orwell, l'ouvrage dépeint un avenir sombre pour l'humanité où la science a permis l'apparition d'une société eugéniste. Or, la précision et la plausibilité de cette dernière glacent le sang des lecteurs depuis des générations, pour de nombreuses raisons et pour tous les aspects de la civilisation que balaye le roman d'Huxley.

La société qu'il dépeint se situe dans un monde globalisé, uni dans un seul et même système d'un continent à l'autre. Dès la seconde phrase du roman, les bases sont posées :

1 : « La devise de l'état mondial : COMMUNAUTÉ, IDENTITÉ, STABILITÉ. »

Pour se maintenir, cette société se base en premier lieu sur l'eugénisme, à savoir la génétique appliquée visant à l'amélioration de l'espèce humaine par tous les moyens, quels qu'ils soient. Les humains sont conçus artificiellement par fécondation *in vitro*, de manière à créer des castes aux caractéristiques physiques et mentales définies biologiquement à l'avance. Les castes inférieures sont ainsi issues d'une forme de clonage nommé « procédé Bokanovsky », pouvant produire plusieurs dizaines d'exemplaires du même individu.

Les conditions employées dans les matrices artificielles des embryons influencent ensuite les tendances naturelles des individus – par exemple la préférence pour les environnements chauds –, conditionnement biologique effectué par rapport à la fonction qui leur sera assignée dans la société. Les capacités mentales sont également altérées dans ce but, en mettant davantage d'alcool dans les matrices quand la caste est basse. Ce double déterminisme biologique – physique et intellectuel – permet de placer l'individu sur des rails naturels dont il a peu de chance de dévier. Cela peut être perçu comme un écho à la planification des plans quinquennaux de l'URSS, où l'être humain lui-même serait devenu un enjeu de productivité.

1 : « Et c'est là, dit sentencieusement le Directeur, en guise de contribution à cet exposé, qu'est le secret du bonheur et de la vertu, aimer ce qu'on est obligé de faire. Tel est le but de tout conditionnement : faire aimer aux gens la condition sociale à laquelle ils ne peuvent échapper. »

Mais cet instinct est renforcé par le conditionnement mental qui se déroule pendant l'enfance, via l'apprentissage pavlovien – il serait plus juste de parler de dressage – et l'hypnopédie – apprentissage de la morale durant le sommeil.

2 : « Ce que l'homme a uni, la nature est impuissante à le séparer.
– Ils grandiront avec ce que les psychologues appelaient une "haine instinctive" des livres et des fleurs. Des réflexes inaltérablement conditionnés. Ils seront à l'abri des livres et de la botanique pendant toute leur vie. »

2 [à propos de l'hypnopédie] : « La plus grande force moralisatrice et socialisatrice de tous les temps. […] Jusqu'à ce qu'enfin l'esprit de l'enfant, ce soit ces choses suggérées, ce soit l'esprit de l'enfant. Et non pas seulement l'esprit de l'enfant. Mais également l'esprit de l'adulte – pour toute sa vie. L'esprit qui juge, et désire, et décide – constitué par ces choses suggérées, ce sont celles que nous suggérons, nous !
– Le Directeur en vint presque à crier dans son triomphe. – Que suggère l'État. »

2 : « L'amour de la nature ne fournit de travail à aucune usine. On décida d'abolir l'amour de la nature, du moins parmi les basses classes, d'abolir l'amour de la nature, mais non point la tendance à consommer du transport. […] Nous conditionnons les masses à détester la campagne, dit le Directeur pour conclure, mais simultanément nous les conditionnons à raffoler de tous les sports de plein air. En même temps, nous faisons le nécessaire pour que tous les sports de plein air entraînent l'emploi d'appareils compliqués. De sorte qu'on consomme des articles manufacturés, aussi bien que du transport. »

De ce processus résulte des adultes conditionnés en tous points, incapables pour la grande majorité d'adopter un comportement déviant ou contestataire par rapport à la norme imposée.

4.1 [Lenina] : « Quelle couleur hideuse que le kaki, observa Lenina, exprimant les préjugés hypnopédiques de sa caste. »

4.2 : « Misérable, en un mot, parce qu'elle s'était conduite comme doit le faire toute jeune Anglaise saine et vertueuse, et non pas de quelque autre manière anormale et extraordinaire. »

Dressés comme des animaux, le comportement des personnes est citoyen s'il respecte le conditionnement, y compris lorsque les individus ont conscience du processus, comme c'est le cas de Bernard Marx. Ne pas s'y conformer, comme il le fait parfois, c'est être « bizarre », être anormal au yeux des autres : il importe de correspondre aux canons de la société si l'on veut être reconnu par ses membres.

6.2 : « Tout le monde me dit que je suis extrêmement pneumatique, dit Lenina d'un ton de réflexion, se tapotant les jambes.
– Extrêmement. Mais il y avait une expression de douleur dans les yeux de Bernard. "Comme de la viande", songeait-il.
Elle leva les yeux avec une certaine inquiétude.
– Mais vous ne me trouvez pas trop potelée, dîtes ?
Il secoua la tête en dénégation. "Comme une égale quantité de viande."
– Vous me trouvez bien ? – Nouveau signe de tête affirmatif. – À tout point de vue ?
– Parfaite, dit-il à haute voix. Et intérieurement : "C'est ainsi qu'elle se considère elle-même. Cela lui est égal d'être de la viande." »

6.2 [l'Administrateur] : « Les Alphas sont conditionnés de telle sorte qu'ils ne sont pas obligatoirement infantiles dans leur conduite émotive. Mais c'est là une raison de plus pour qu'ils fassent tout spécialement les efforts voulus pour se conformer à la normale. Il est de leur devoir d'être infantiles, fût-ce contraire à leur penchant. »

Ce conditionnement permet de guider la foule dans la vie quotidienne, de lui donner des ordres lorsque la situation l'exige, le tout selon le bon vouloir des autorités. L'usage de hauts parleurs disséminés dans la ville est l'expression parfaite d'un totalitarisme omniprésent dans l'espace sonore – le procédé est notamment employé en Corée du Nord.

5.1 : « "Bonne nuit, chers amis. Bonne nuit, chers amis." Les hauts parleurs voilèrent leurs commandements sous une politesse bon enfant et musicale. "Bonne nuit, chers amis…"
Obéissants, avec tous les autres, Lenina et Henry quittèrent

l'établissement. »

Plus important encore, le conditionnement se retrouve à tous les niveaux de la vie, y compris ceux considérés comme les plus intimes de l'humanité. Ainsi, la mort a été désacralisée, dépassionnée. Les mourants, avant d'être incinérés et recyclés pour récupérer le phosphore des corps, sont placés dans le paradis artificiel du *soma* et de la télévision. Le tout forme une mise en scène servant de terrain de jeux pour les enfants, afin qu'ils s'habituent à l'idée de la mort.

14 : « C'était une vaste pièce, claire sous le soleil et la peinture jaune, et contenant vingt lits, tous occupés. Linda mourait en compagnie – en compagnie, et avec tout le confort moderne. L'air était constamment vivifié par des mélodies synthétiques gaies. Au pied de chaque lit, en face de son occupant moribond, il y avait une boîte à télévision. On laissait fonctionner la télévision, tel un robinet ouvert, du matin jusqu'au soir. Tout les quarts d'heure, le parfum dominant de la salle était changé automatiquement. »

14 : « Linda contemplait le spectacle, souriant vaguement et sans comprendre. Son visage pâle et bouffi avait une expression de bonheur imbécile. À chaque instant ses paupières se fermaient, et pendant quelques secondes elle paraissait sommeiller. Puis, avec un petit sursaut, elle se réveillait […], elle se réveillait à toutes ces choses, ou plutôt, à un rêve dont ces choses, transformées et embellies par le soma qu'elle avait dans le sang, étaient les constituants merveilleux, et souriait de nouveau de son sourire brisé, décoloré, de contentement infantile. »

14 : « Quel tort fatal il risquait de causer à ces pauvres

innocents ! Détruire ainsi tout leur bon conditionnement à la mort par cette dégoûtante explosion de cris, comme si la mort avait quelque chose de terrible, comme si la mort était de quelque importance ! Cela pourrait leur donner les idées les plus désastreuses sur la question, les bouleverser et les faire réagir d'une façon totalement erronée, complètement antisociale. »

Cependant, Aldous Huxley va plus loin : la sexualité elle-même et ses connotations morales sont transformées. Les enfants s'emploient ainsi à des jeux sexuels dès le plus jeune âge, et réprouver ceux-ci est perçu comme aberrant.

3 : « Il révéla l'ahurissante vérité. Pendant une très longue période avant la période de Notre Ford, et même au cours de quelques générations postérieures, les jeux érotiques entre enfants avaient été considérés comme anormaux (il y eut un éclat de rire) ; et non pas seulement anormaux, mais comme positivement immoraux (non !) ; et ils avaient, en conséquence, été rigoureusement réprimés.
Le visage de ses auditeurs prit un air d'incrédulité étonnée. Quoi, les pauvres petits gosses n'avaient pas le droit de s'amuser ? Ils ne parvenaient pas à le croire. »

En effet, dès lors que le sexe se voit privé de sa fonction reproductrice, celui-ci ne se conçoit plus que sous l'angle du jeu et du plaisir. Le principe même de reproduction naturelle est devenu honteux dans le monde d'Huxley. Or, une société et l'état d'esprit d'un individu se caractérisent principalement par ce qui est enfoui sous couvert de morale et de tabou.

2 : « Les êtres humains, autrefois, étaient…, dit-il avec hésitation ; le sang lui affluait aux joues. – Enfin, ils étaient vivipares.
– Très bien. – Le Directeur approuva d'un signe de tête.
– Et quand les bébés étaient décantés…
– Naissaient, corrigea-t-il.
Eh bien, alors, c'étaient les parents. – C'est-à-dire : pas les bébés, bien entendu, les autres. – Le pauvre garçon était éperdu de confusion. »

3 : « – Essayez de vous rendre compte de ce que c'était que d'avoir une mère vivipare.
De nouveau ce mot ordurier. Mais aucun d'eux ne songea, cette fois, à sourire.
– Essayez de vous imaginer ce que signifiait : "Vivre dans sa famille."
Ils essayèrent ; mais manifestement sans le moindre succès.
– Et savez-vous ce qu'était un "foyer" ?
Ils secouèrent la tête. »

En renvoyant la reproduction entre les mains de l'État et son eugénisme, Huxley crée un monde où la notion de couple et de famille s'efface devant la nécessité, voire l'obligation, de se donner à tout le monde.

4.1 [À propos de Lenina] : « C'était une jeune fille que tout le monde appréciait, et, soit à un moment, soit à un autre, elle avait passé une nuit à peu près avec tous.
C'étaient de gentils garçons, songeait-elle, tandis qu'elle rendait leurs saluts. Garçons charmants ! »

17 [Administrateur] : « On ne peut avoir de civilisation

sans une bonne quantité de vices aimables. »

On pourrait parler de libération sexuelle – le livre paraît en 1932, rappelons-le – car la femme est libre et n'est pas inféodée à l'homme, quoique cela puisse être nuancé, car elle a pour devoir de s'offrir à tout homme qui le demande, et vice versa. La conclusion sur le sujet se retrouve dans l'un des principes ancrés dans les esprits dès l'enfance :

3 : « Chacun appartient à tous les autres. »

Ainsi, dans les moindres aspects de la vie, le citoyen se conforme à ce que la société attend de lui. Il n'a à aucun moment la possibilité de perturber la stabilité de l'ensemble : en supprimant la famille, cet « état en dedans » décrit par les sociologues et que dénonce le mouvement anarchiste, l'écrivain transforme l'individu en dépositaire de la volonté étatique sans intermédiaire entre les deux.

3 : « Le foyer était aussi malpropre psychiquement que physiquement. Psychiquement, c'était un terrier à lapin, une fosse à purin, échauffé par les frottements de la vie qui s'y entassait, et tout fumant des émotions qui s'y exhalaient. Quelles intimités suffocantes, quelles relations dangereuses, insensées, obscènes, entre les membres du groupe familial !
[...]
Notre Ford – ou notre Freud, comme, pour quelque raison impénétrable il lui plaisait de s'appeler chaque fois qu'il parlait de questions psychologiques – Notre Freud avait été le premier à révéler les dangers épouvantables de la vie de famille. Le monde était plein de pères, et était par conséquent plein de misère ; plein de mères, et par conséquent de toutes espèces de perversions, depuis le sadisme

jusqu'à la chasteté ; plein de frères, de sœurs, d'oncles, de tantes – plein de folie et de suicide.

[...]

Rien d'étonnant à ce que ces pauvres pré-modernes fussent fous, méchants et misérables. Leur monde ne leur permettait pas de prendre les choses légèrement, ne leur permettrait pas d'être sains d'esprit, vertueux, heureux. Avec leurs mères et leurs amants, avec leurs prohibitions pour le respect desquelles ils n'étaient pas conditionnés, avec leurs tentations et leurs remords solitaires, avec toutes leurs maladies et leur douleur qui les isolait sans fin, avec leur incertitude et leur pauvreté, ils étaient contraints de ressentir fortement les choses. Et, les ressentant fortement (et fortement, qui plus est, en solitude, dans l'isolement désespérément individuel), comment pouvaient-ils être stables ?

[...]

Réprimée, l'impulsion déborde, et le flot répandu, c'est le sentiment ; le flot répandu, c'est la passion ; le flot répandu, c'est la folie même : cela dépend de la force du courant, de la hauteur et de la résistance du barrage. Le ruisseau sans obstacles coule tout uniment le long des canaux qui lui ont été destinés, vers une calme euphorie. [...] Heureux jeunes gens ! dit l'Administrateur. Nulle peine n'a été épargnée pour rendre votre vie émotivement facile, pour vous préserver, pour autant que la chose soit possible, de ressentir même des émotions. »

L'individu se voit, dans ce cadre, réduit à néant, réduit à exprimer le sentiment collectif. Il est condamné à servir, mais il le fait de bonne grâce, car il est tellement aliéné par le monde alentour qu'il ne peut concevoir d'autre manière de faire. Il n'a, dès lors, aucune valeur véritable.

10 : « L'assassinat ne tue que l'individu, et qu'est-ce, après tout, qu'un individu ? […] le manque d'orthodoxie menace bien autre chose que la vie d'un simple individu : il frappe la Société même. »

Au vu de cela, la question des valeurs de la société se pose : or, le but ultime de la société décrite est le bonheur.

16 : « Le monde est stable, à présent. Les gens sont heureux ; ils obtiennent ce qu'ils veulent, et ils ne veulent jamais ce qu'ils ne peuvent obtenir. Ils sont à l'aise ; ils sont en sécurité ; ils ne sont jamais malades ; ils n'ont pas peur de la mort ; ils sont dans une sereine ignorance de la passion et de la vieillesse ; ils ne sont encombrés de nuls pères ni mères ; ils n'ont pas d'épouse, pas d'enfants, pas d'amants, au sujet desquels ils pourraient éprouver des émotions violentes ; ils sont conditionnés de telle sorte que, pratiquement, ils ne peuvent s'empêcher de se conduire comme ils le doivent. Et si par hasard quelque chose allait de travers, il y a le soma. »

Pour atteindre ce bonheur universel, il fut choisi de sacrifier le reste : vérité, science, art, peu importe, tout devait disparaître. Au nom du bien-être collectif, tout est aboli avec la bénédiction de la foule.

16 : « Le bonheur effectif parait toujours assez sordide en comparaison des larges compensations qu'on trouve dans la misère. Et il va de soi que la stabilité, en tant que spectacle, n'arrive pas à la cheville de l'instabilité. Et le fait d'être satisfait n'a rien du charme magique d'une bonne lutte contre le malheur, rien du pittoresque d'un combat contre la tentation, ou d'une défaite fatale sous les coups de la passion et du doute. Le bonheur n'est jamais grandiose. »

16 : « Le bonheur universel maintient les rouages en fonctionnement bien régulier ; la vérité et la beauté en sont incapables. Et, bien entendu, chaque fois que les masses se saisissaient de la puissance politique, c'était le bonheur, plutôt que la vérité et la beauté, qui était important. »

16 : « C'est la rançon dont il nous faut payer la stabilité. Il faut choisir entre le bonheur et ce qu'on appelait autrefois le grand art. […] Ce n'est pas seulement l'art qui est incompatible avec le bonheur ; il y a aussi la science. La science est dangereuse ; nous sommes obligés de la tenir bien soigneusement enchaînée et muselée. »

17 : « La civilisation n'a pas le moindre besoin de noblesse ou d'héroïsme. »

L'ignorance est devenue une vertu cardinale : nul n'a besoin d'en savoir plus que nécessaire pour accomplir ses fonctions. Il n'est donc pas étonnant que, dans un monde d'ignorants, l'histoire soit manipulée et occultée par le pouvoir en place.

1 : « Il tendit la main en l'air. Comme des poulets qui boivent, les étudiants levèrent les yeux vers le plafond lointain. »

1 : « Il fallait, bien entendu, qu'ils eussent un semblant d'idée d'ensemble, si l'on voulait qu'ils fissent leur travail intelligemment, – et cependant qu'ils en eussent le moins possible, si l'on voulait qu'ils fussent plus tard des membres convenables et heureux de la société. Car les détails, comme chacun le sait, conduisent à la vertu et au bonheur ; les généralités sont, au point de vue intellectuel, des

maux inévitables. Ce ne sont pas les philosophes, mais bien ceux qui s'adonnent au bois découpé et aux collections de timbres, qui constituent l'armature de la société. »

1 [Administrateur] : « Vous vous souvenez tous, je le suppose, de cette belle parole de Notre Ford : "L'Histoire, c'est de la blague." L'histoire, répéta-t-il lentement, c'est de la blague. »

7 : « Il y a tellement de choses qu'on ne sait pas ; ce n'était pas mon affaire, de savoir. Je veux dire : si un enfant vous demande comment fonctionne un hélicoptère, ou qui a fait le monde, eh bien, que voulez-vous répondre si vous êtes une Bêta et avez toujours travaillé dans la Salle de Fécondation ? Que voulez-vous qu'on réponde ? »

Dans ces conditions, la notion de liberté devient galvaudée : chacun est considéré comme libre, alors qu'il n'a de liberté que de suivre ce que lui dicte son conditionnement. Le pire étant que chacun croit véritablement disposer de soi, et ne veuille pas remettre en cause le système. La stabilité repose en conséquent sur l'immobilisme.

6.2 : « Je préfère être moi-même, dit-il, moi-même et désagréable. Et non un autre, quelque gai qu'il soit.
– "Un gramme à temps vous rend content", dit Lenina, lui servant une perle brillante de sagesse enseignée pendant le sommeil. »

6.2 : « Vous n'avez pas le désir d'être libre Lenina ?
– Je ne sais pas ce que vous voulez dire. Je le suis, libre. Libre de me payer du bon temps, le meilleur qui soit. »

6.2 : « Je désire contempler la mer en paix, dit-il. – On ne peut même pas regarder, si l'on a continuellement ce sale bruit dans les oreilles.

– Mais c'est délicieux. Et puis, je ne désire pas regarder, moi.

– Mais moi, oui, insista-t-il. Cela me donne la sensation… il hésita, cherchant les mots pour s'exprimer… la sensation d'être davantage moi, si vous voyez ce que je veux dire. D'agir davantage par moi-même, et non pas si complètement comme une partie d'autre chose. De n'être pas seulement une cellule du corps social. Cela ne vous donne pas cette sensation-là, Lenina ?

Mais Lenina était en larmes.

– C'est affreux, c'est affreux, répétait-elle continuellement. Et comment pouvez-vous parler comme cela de votre désir de ne pas être une partie du corps social ?

– […] j'aimerais diantrement mieux ne servir à rien ! »

16 [Administrateur] : « Nous ne voulons pas changer. Tout changement est une menace pour la stabilité. »

En abolissant le libre arbitre par tous les moyens décrits plus haut, l'individualité n'a d'autre choix que de se confondre dans la masse. Or, il advient que certains en viennent à prendre conscience de leur *moi*, tels Bernard et Helmholtz. Considérés comme des anomalies par leurs pairs, ils savent qu'ils représentent quelque chose d'anormal dans ce monde calibré, ce qui engendre chez eux un profond malaise existentiel : ils saisissent l'écart entre eux et le reste de leurs congénères, ignorant comment le combler.

4.2 : « Ce qui avait donné si désagréablement conscience à Helmholtz d'être lui-même et d'être tout seul, c'était un excès de capacité. »

4.2 [Bernard Marx] : « "Je suis moi, et je voudrais bien ne pas l'être". Le sentiment du moi était, chez lui, vif et désolant.

8 : « Si l'on est différent, il est fatal qu'on soit seul. On est traité abominablement. »

Cela peut engendrer un sentiment de supériorité de l'individu, qui sent exploser les carcans sociaux. Pourtant, lorsque ceux-ci parviennent enfin à voler en éclats, le système fait usage de la menace et de la répression à travers l'exil sur les îles. La volonté s'effrite alors, car la soumission à l'autorité reste prépondérante grâce au conditionnement. Ainsi, si la pusillanimité de Bernard le pousse dans un premier temps à se sentir supérieur, il est effrayé par la sanction brandie par le Directeur de l'envoi d'office en Islande.

6.2 : « Bernard sortit la tête haute, plein d'orgueil triomphant, tandis qu'il claquait la porte derrière lui, à la pensée qu'il faisait front, tout seul, contre l'ordre des choses ; exalté de la conscience grisante de sa signification et de son importance personnelle. Il n'était pas jusqu'à l'idée même de la persécution qui ne le laissa impavide, qui n'agît plutôt comme un tonique que comme un déprimant. »

6.3 : « À présent qu'il semblait que les menaces dussent réellement être mises à exécution, Bernard fut atterré. De ce stoïcisme imaginé, de ce courage théorique, il ne subsistait nulle trace. »

Dès lors, ce qui compte est le point de vue de l'intrus, de la personne extérieure affranchie du conditionnement : John le Sauvage. En découvrant le mode de vie "civilisé", sa conception de la liberté se heurte à l'abrutissement de la foule. Cela le poussera à vouloir libérer de force ces gens, avant qu'il ne renonce devant l'impossibilité de la tâche. L'individu n'a d'autre choix que de subir la sanction de l'exil ou se retirer de sa propre initiative hors du système pour y échapper.

12 : « … le sauvage le regardait par-dessus le bord de son livre, et puis, le rire continuant toujours, le refermait avec indignation, se levait, et, du geste de quelqu'un qui retire sa perle de devant les pourceaux, le rangeait dans son tiroir, qu'il ferma à clefs. »

15 : « Vous ne voulez donc pas être libres, être des hommes ? Ne comprenez-vous pas ce que c'est que l'état d'homme, que la liberté ? […] Eh bien, alors, reprit-il d'un ton farouche, je vais vous l'apprendre : je vous imposerai la liberté, que vous le vouliez ou non ! »

17 : « Vous ne subissez ni ne tenez tête. Vous abolissez tout bonnement les coups et les flèches. C'est trop facile. »

17 : « Mais je n'en veux pas du confort. Je veux Dieu, je veux de la poésie, je veux du danger véritable, je veux de la liberté, je veux de la bonté, je veux du péché.
– En somme, dit Mustapha Menier, vous réclamez le droit d'être malheureux.
– Eh bien, soit, dit le Sauvage sur un ton de défi, je réclame le droit d'être malheureux. »

Il est d'ailleurs possible de se demander, le personnage de John étant influencé par la lecture de Shakespeare et ce que les Indiens lui ont enseigné, à quel point lui aussi est conditionné, bien que d'une autre manière. Son comportement se calque en effet sur son apprentissage à l'ancienne et sur ses lectures, mais en aucun cas il ne réfléchit par lui-même : il voit les choses à travers le prisme des leçons apprises durant son éducation.

8 : « Linda ne semblait jamais rien savoir. Le vieillard du pueblo avait des réponses bien plus précises. »

11 : « Lié par des vœux puissants qui n'avaient jamais été prononcés, obéissant à des lois qui avaient cessé d'avoir cours depuis longtemps, il resta assis, détournant les yeux en silence. Parfois, comme si un doigt avait tiré sur quelque corde tendue, prête à se briser, tout son corps était secoué d'un brusque sursaut nerveux. »

Enfin, la gestion des pulsions négatives de la population ou de ceux qui vivent un coup dur repose sur le *soma*, une drogue permettant l'apaisement des personnes à travers les paradis artificiels. Les difficultés de l'existence n'ont plus alors à être surmontées, cela d'autant plus que le conditionnement recommande l'usage de *soma* pour vivre heureux. Il s'agit d'une véritable fuite lorsque les choses deviennent complexes ou pourraient exacerber le sentiment d'individualité : l'État drogue sa population pour la rendre docile.

6.3 : « Quand le Conservateur s'était mis à disserter de sa voix tonnante, elle avait discrètement avalé un demi-gramme de soma, ce qui avait eu pour résultat de lui permettre de rester là, assise, en toute sérénité, n'écoutant pas, ne pensant absolument à rien, mais fixant ses grands yeux bleus sur le Conservateur, avec une expression d'attention profonde. »

17 : « On peut porter sur soi, en flacon, au moins la moitié de sa moralité. Le christianisme sans larmes, voilà ce qu'est le soma. »

À cela s'ajoute l'usage religieux du soma pour la communion collective, qui repose sur le culte de la personnalité – usage commun à de nombreux dictateurs de l'histoire – de Notre Ford. Le côté absurde du procédé est tout entier contenu dans le « Orginet, Porginet » qui est scandé lors des cérémonies.

5.2 : « La coupe de l'amitié, remplie de soma à la glace aux fraises, fut passée de main en main, et avec la formule : «Je bois à mon anéantissement», fut portée douze fois aux lèvres. »

5.2 : « Elle regarda Bernard avec une expression de ravissement, mais d'un ravissement dans lequel il n'y avait nulle trace d'agitation ou de surexcitation, car être surexcité, c'est encore être insatisfait. Son extase était celle, toute calme, de la perfection accomplie, la paix, non point de la simple satiété et du néant, mais de la vie équilibrée, des énergies au repos et se contrebalançant. Une paix riche et vivante.
[...]
La vue de ce visage transfiguré était à la fois une accusation et un rappel ironique de ce qui le séparait des autres. Il se sentait aussi misérablement isolé, à présent, qu'il l'avait été au début de l'office, plus isolé, en raison du vide qui, chez lui, n'avait pas été comblé, en raison de sa satiété inexaucée. À part, inaccordé, tandis que les autres se fondaient dans le Grand Être ; seul, jusque dans l'embrassement de Morgana, bien plus seul, en vérité, plus désespérément lui-même qu'il ne l'avait jamais été de sa vie. Il était sorti de cette pénombre

rouge pour revenir à l'éclat vulgaire de l'électricité, avec un sentiment du moi intensifié au point de lui faire souffrir le martyre. Il était misérablement, totalement malheureux, et peut-être (les yeux luisants de Fifi étaient accusateurs), peut-être était-ce sa propre faute. »

Ce culte du collectif, à travers les enseignement de Notre Ford, a remplacé celui des divinités anciennes.

17 : « "On ne peut être indépendants de Dieu que pendant qu'on a la jeunesse et la prospérité." Eh bien, voilà que nous avons la jeunesse et la prospérité jusqu'à la fin dernière. Qu'en résulte-t-il ? Manifestement, que nous pouvons être indépendants de Dieu. »

17 : « Comment se manifeste-t-il, à présent ? demanda le Sauvage.
– Eh bien, il se manifeste en tant qu'absence ; comme s'il n'existait pas. »

Enfin, le choix des noms des personnages n'est pas innocent : Marx, Bakounine, Bokanovsky, ces noms à consonance russe renvoient aux auteurs qui ont construit le communisme – Marx – ou l'anarchisme – Bakounine –, ce qui doit être mis en contexte avec la montée en puissance de l'URSS lors de l'écriture du roman. On est alors dans une opposition idéologique entre États-Unis et URSS – ce n'est pas encore la Guerre froide. À ce titre, John peut être perçu comme un représentant des valeurs occidentales de liberté individuelle face au collectivisme soviétique, quoique ce combat pour la liberté puisse être valable en tout pays et en tout temps – et c'est bien là d'ailleurs ce qui fait la grande force du *Meilleur des mondes*.

ÉTUDE DU MOUVEMENT LITTÉRAIRE

Le roman d'anticipation se présente comme un moyen d'imaginer la vie du futur en se basant sur les découvertes du présent. Pour son roman, Aldous Huxley s'appuie sur les découvertes scientifiques de son temps, notamment en sociologie, biologie et embryogénèse. Le but, dans ce registre très codifié, est de conférer une certaine plausibilité à l'avenir décrit, ce qui constitue la grande force du genre. La science est souvent placée au centre de l'intrigue : les auteurs explorent les conséquences psychologiques et sociales que tel ou tel changement peut impliquer.

D'illustres prédécesseurs d'Huxley ont posé les jalons du récit d'anticipation scientifique. Jules Verne (1828-1905) fut notamment le premier à donner une place importante à la science à travers ses récits de *Voyages extraordinaires*. Il se concentrait particulièrement sur l'aspect technique et l'esprit d'aventure, sans véritablement développer l'aspect social.

Herbert Georges Wells (1866-1946), bien qu'influencé par Verne, dériva lui vers une science fantaisiste, qui part du principe que la science a bel et bien réussi à trouver un moyen de produire l'objet du roman – exemples de *La Machine à explorer le temps* et de *L'Homme invisible* –, sans se soucier de la nécessité de la justification scientifique. Il en profite pour développer des créatures – les extraterrestres de *La Guerre des mondes* – et des sociétés étrangères à ce qui est connu – les Morlocks de *La Machine à explorer le temps*. Ce sont là les prémisses des descriptions de situations dystopiques.

Maurice Renard (1875-1939) lui emboîte le pas avec le merveilleux scientifique. Dans ses romans, la science devient source de malaise et d'horreur à cause de ses excès potentiels. Avec lui se popularise la figure du savant fou grâce au roman *Le Docteur Lerne*, publié en 1908.

Avec le temps, on constate une divergence entre les auteurs anglo-saxons et les auteurs français. Les premiers ont une approche positive et glorificatrice de la science toute puissante, même si celle-ci soulève des perspectives angoissantes, tandis que les seconds construisent des avenirs dévastés où règne un pessimisme systématique – comme chez Barjavel ou Spitz – et où sont dénoncés les excès de la science. Mais dans les deux cas, l'être humain finit par représenter une anomalie : il faut avant tout s'efforcer de ne pas perdre de vue l'humanisme. On retrouve là un écho au *Frankenstein ou le Prométhée Moderne* de Mary Shelley, publié en 1818 et souvent considéré comme le premier véritable livre de science-fiction : la morale du « science sans conscience n'est que ruine de l'âme » est devenue l'un des moteurs de l'exploration du futur.

Dans ce cadre, la dystopie permet d'ajouter un aspect social qui marque le lecteur, où la science permet l'apparition de régimes totalitaires et leur maintien. Les avenirs sombres des ouvrages *1984* de George Orwell, *Fahrenheit 451* de Ray Bradbury et *Le Meilleur des mondes* sont, à ce titre, devenus des archétypes de futurs peu souhaitables pour l'humanité auxquels se référer en cas de contestation de décisions politiques et économiques.

L'entre-deux-guerres fut le point d'orgue du roman d'anticipation, avant que le genre ne s'efface lentement et soit remplacé par la science-fiction à partir des années 1950.

DANS LA MÊME COLLECTION
(par ordre alphabétique)

- **Anonyme**, *La Farce de Maître Pathelin*
- **Anouilh**, *Antigone*
- **Aragon**, *Aurélien*
- **Aragon**, *Le Paysan de Paris*
- **Austen**, *Raison et Sentiments*
- **Balzac**, *Illusions perdues*
- **Balzac**, *La Femme de trente ans*
- **Balzac**, *Le Colonel Chabert*
- **Balzac**, *Le Lys dans la vallée*
- **Balzac**, *Le Père Goriot*
- **Barbey d'Aurevilly**, *L'Ensorcelée*
- **Barbey d'Aurevilly**, *Les Diaboliques*
- **Bataille**, *Ma mère*
- **Baudelaire**, *Les Fleurs du Mal*
- **Baudelaire**, *Petits poèmes en prose*
- **Beaumarchais**, *Le Barbier de Séville*
- **Beaumarchais**, *Le Mariage de Figaro*
- **Beauvoir**, *Mémoires d'une jeune fille rangée*
- **Beckett**, *En attendant Godot*
- **Beckett**, *Fin de partie*
- **Brecht**, *La Noce*
- **Brecht**, *La Résistible ascension d'Arturo Ui*
- **Brecht**, *Mère Courage et ses enfants*
- **Breton**, *Nadja*
- **Brontë**, *Jane Eyre*
- **Camus**, *L'Étranger*
- **Carroll**, *Alice au pays des merveilles*
- **Céline**, *Mort à crédit*

- **Céline**, *Voyage au bout de la nuit*
- **Chateaubriand**, *Atala*
- **Chateaubriand**, *René*
- **Chrétien de Troyes**, *Perceval ou le conte du Graal*
- **Chrétien de Troyes**, *Yvain ou le Chevalier au lion*
- **Cocteau**, *La Machine infernale*
- **Cocteau**, *Les Enfants terribles*
- **Colette**, *Le Blé en herbe*
- **Corneille**, *Le Cid*
- **Crébillon fils**, *Les Égarements du cœur et de l'esprit*
- **Defoe**, *Robinson Crusoé*
- **Dickens**, *Oliver Twist*
- **Du Bellay**, *Les Regrets*
- **Dumas**, *Henri III et sa cour*
- **Duras**, *L'Amant*
- **Duras**, *La Pluie d'été*
- **Duras**, *Un barrage contre le Pacifique*
- **Flaubert**, *Bouvard et Pécuchet*
- **Flaubert**, *L'Éducation sentimentale*
- **Flaubert**, *Madame Bovary*
- **Flaubert**, *Salammbô*
- **Gary**, *La Vie devant soi*
- **Giraudoux**, *Électre*
- **Giraudoux**, *La Guerre de Troie n'aura pas lieu*
- **Gogol**, *Le Mariage*
- **Homère**, *L'Odyssée*
- **Hugo**, *Hernani*
- **Hugo**, *Les Misérables*
- **Hugo**, *Notre-Dame de Paris*
- **Jaccottet**, *À la lumière d'hiver*
- **James**, *Une vie à Londres*
- **Jarry**, *Ubu roi*
- **Kafka**, *La Métamorphose*

- **Kerouac**, *Sur la route*
- **Kessel**, *Le Lion*
- **La Fayette**, *La Princesse de Clèves*
- **Le Clézio**, *Mondo et autres histoires*
- **Levi**, *Si c'est un homme*
- **London**, *Croc-Blanc*
- **London**, *L'Appel de la forêt*
- **Maupassant**, *Boule de suif*
- **Maupassant**, *Le Horla*
- **Maupassant**, *Une vie*
- **Molière**, *Amphitryon*
- **Molière**, *Dom Juan*
- **Molière**, *L'Avare*
- **Molière**, *Le Malade imaginaire*
- **Molière**, *Le Tartuffe*
- **Molière**, *Les Fourberies de Scapin*
- **Musset**, *Les Caprices de Marianne*
- **Musset**, *Lorenzaccio*
- **Musset**, *On ne badine pas avec l'amour*
- **Perec**, *La Disparition*
- **Perec**, *Les Choses*
- **Perrault**, *Contes*
- **Prévert**, *Paroles*
- **Prévost**, *Manon Lescaut*
- **Proust**, *À l'ombre des jeunes filles en fleurs*
- **Proust**, *Albertine disparue*
- **Proust**, *Du côté de chez Swann*
- **Proust**, *Le Côté de Guermantes*
- **Proust**, *Le Temps retrouvé*
- **Proust**, *Sodome et Gomorrhe*
- **Proust**, *Un amour de Swann*
- **Queneau**, *Exercices de style*
- **Quignard**, *Tous les matins du monde*

- **Rabelais**, *Gargantua*
- **Rabelais**, *Pantagruel*
- **Racine**, *Andromaque*
- **Racine**, *Bérénice*
- **Racine**, *Britannicus*
- **Racine**, *Phèdre*
- **Renard**, *Poil de carotte*
- **Rimbaud**, *Une saison en enfer*
- **Sagan**, *Bonjour tristesse*
- **Saint-Exupéry**, *Le Petit Prince*
- **Sarraute**, *Enfance*
- **Sarraute**, *Tropismes*
- **Sartre**, *Huis clos*
- **Sartre**, *La Nausée*
- **Senghor**, *La Belle histoire de Leuk-le-lièvre*
- **Shakespeare**, *Roméo et Juliette*
- **Steinbeck**, *Les Raisins de la colère*
- **Stendhal**, *La Chartreuse de Parme*
- **Stendhal**, *Le Rouge et le Noir*
- **Verlaine**, *Romances sans paroles*
- **Verne**, *Une ville flottante*
- **Verne**, *Voyage au centre de la Terre*
- **Vian**, *J'irai cracher sur vos tombes*
- **Vian**, *L'Écume des jours*
- **Voltaire**, *Candide*
- **Voltaire**, *Micromégas*
- **Voltaire**, *Zadig*
- **Zola**, *Au Bonheur des Dames*
- **Zola**, *L'Argent*
- **Zola**, *L'Assommoir*
- **Zola**, *Nana*
- **Zola**, *Pot-Bouille*